ENSSLINs
KLEINE NATURFÜHRER

SÜSSWASSER-
FISCHE

Patrick Louisy

Illustrationen von Pascal Robin

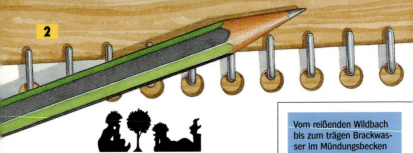

So nutzt du dieses Buch

Diesen Naturführer kannst du auf alle deine Streifzüge ans Wasser mitnehmen. Er ist klein und handlich. Stecke ihn einfach in deinen Rucksack oder deine Tasche, dann hast du ihn gleich zur Hand, wenn du einen Fisch entdeckst.

Gewässer zu beobachten ist spannend, denn hier gibt es vieles zu entdecken! Dieses Buch folgt dem Lauf des Wassers vom Gebirgsbach bis zum Mündungsbecken des Stroms. Es zeigt dir die Süßwasserfische, die du zwischen Kieseln und Stromschnellen in munteren Bächen und gemächlichen Wasserläufen aufstöbern oder in Seen und Flüssen finden kannst.

Vom reißenden Wildbach bis zum trägen Brackwasser im Mündungsbecken eines Flusses, vom steinigen Grund bis zur freien Wasserfläche: Binnengewässer bieten die unterschiedlichsten Lebensräume. Jede Doppelseite dieses Buchs zeigt dir einen Lebensraum mit seinen charakteristischen Eigenschaften und den Fischen, die dort leben. Ihre Gestalt ist oft ähnlich, denn sie ist an die Erfordernisse des Lebensraums angepasst. Das erleichtert dir die Zuordnung des Fischs, doch um ihn zu bestimmen, musst du ihn sorgfältig mit ähnlich gebauten Fischen vergleichen. Die Abbildungen helfen dir dabei.

• Der Jung-Fisch und der erwachsene Fisch oder der männliche und der weibliche Fisch einer Art werden zusammen abgebildet, wenn sie sich unterscheiden.

Inhalt

• So nutzt du dieses Buch	2
• Was ist das – ein Süßwasserfisch?	4
• Im Wildwasser	6
• Hochzeitsreise stromaufwärts	8
• Zwischen Sand und Fels	10
• Mit Seitenlinie!	12
• Kraftvolle Schwimmer	14
• Hohe Rücken, flache Flanken	16
• Beliebte Pfundskerle	18
• Die »Wölfe« im Fluss	21
• Kleine Jäger in Konkurrenz	22
• Große und kleine »Bärte«	24
• Wo du das Meer riechst …	26
• Pendler zwischen Süß- und Salzwasser	28
• Stichwortverzeichnis	30

(Hier findest du in alphabetischer Reihenfolge die Namen der wichtigsten Süßwasserfische und ihre lateinischen Bezeichnungen.)

• Glossar	31

(Ist dir ein Fachbegriff nicht bekannt, sieh nach, ob du im Glossar eine Erklärung findest.)

Für jede Fischart sind die typischen Merkmale aufgeführt. Lies die Texte sorgfältig und beachte alle Merkmale: Dann kannst du treffsicher feststellen, um welchen Fisch es sich handelt.

Dies sind die wesentlichen Angaben:

- **Größe,** die der Fisch erreichen kann. Häufig wirst du kleineren Exemplaren begegnen, aber vereinzelt gibt es auch Riesen unter den Fischen, die das übliche Körpermaß beträchtlich überschreiten.

- **Name:** Die gleichen Fische werden oft regional verschieden benannt. Im Stichwortverzeichnis wird daher auch der wissenschaftliche lateinische Name aufgeführt.

◀ **Sonnenbarsch**

← 10 bis 15 cm →
Der Sonnenbarsch lebt in flachen Gewässern der Bleiregion. Zur Laichzeit leuchtet das Männchen besonders farbenfroh.

Fleck über dem Kiemendeckel

- **Verbreitungsgebiet,** wenn der Fisch nur in einer bestimmten Region vorkommt

- **Bilderklärungen** weisen auf die Merkmale hin, die du beachten musst, wenn du die Art mit anderen vergleichst.

- Auffällige **Eigenschaften** und besondere **Verhaltensformen,** die typisch für diesen Fisch sind, z. B. seine Flossenform, sein Laichverhalten, sein bevorzugter Standort

Außerdem findest du auf vielen Doppelseiten ein Kästchen, das dich über Besonderheiten einiger Fischarten informiert und dir hilft ihre Lebensform besser zu verstehen. Hier erhältst du auch Tipps, wie du Fische unterscheidest, die sich besonders ähneln.

Fische im Visier

Fische registrieren jede Erschütterung des Bodens. Schnelle Bewegungen und kräftige Farben erschrecken sie. Deshalb musst du leise sein und möglichst reglos auf deinem Beobachtungsposten ausharren. Dann siehst du, wo ihre Lieblingsplätze sind, wie sie ihr Revier verteidigen, jagen und gejagt werden. Du kannst auch einen Fisch im Netz oder mit der Angel fangen, doch hole zuvor beim Besitzer des Geländes oder bei der Gemeindeverwaltung die Erlaubnis ein! Hast du vielleicht sogar Lust, mit Schnorchel und Taucherbrille die Fische zu besuchen? Kein Problem, wo Baden erlaubt ist. Aber sei vorsichtig!

Was ist das – ein Süßwasserfisch?

Fische sind Wirbeltiere, die ständig im Wasser leben. Sie haben Flossen zur Fortbewegung und atmen durch Kiemen: Sie saugen Wasser ein, lassen es an den Kiemenbogen vorbeiströmen und nehmen so den Sauerstoff aus dem Wasser auf. Die meisten Süßwasserfische leben ständig in extrem salzarmem Wasser, also nicht im Meer. Aber es gibt Ausnahmen …

Wie bestimmst du einen Fisch?

Beachte die Unterscheidungsmerkmale! Orientiere dich an diesem Fragenkatalog:

Flossen: Wie viele sind es, welche Form haben sie, an welcher Stelle befinden sie sich? Sind sie weich, haben sie Strahlen oder sogar Stacheln?

Barteln: Wie viele? Wo?

Seitenlinie: Ist sie sichtbar? Welche Form hat sie?

Körperform und Mundstellung: Bei manchen Fischarten sind sie abhängig vom Alter des Fischs! Manchmal unterscheiden sie sich sogar von Gewässer zu Gewässer, wenn die Fische auf Grund ihrer Abgeschiedenheit von anderen Gewässern ein einzelnes Merkmal besonders ausgeprägt haben.

Auch die **Färbung** variiert oft, abhängig vom Alter des Fischs, seinem Geschlecht und seiner natürlichen Umgebung. Wenn du dich an die charakteristischen Merkmale hältst, die in den Texten genannt werden, kann bei der Bestimmung trotzdem nichts schief gehen.

Sinnesorgane

Fische haben die gleichen Sinnesorgane wie wir: den Gesichtssinn (Augen), das Gehör (ihre Ohren sind äußerlich nicht sichtbar), den Geruchssinn (Nasenlöcher) und den Geschmackssinn (Mund und Barteln) und den Tastsinn (Barteln und Körperhaut). Zusätzlich besitzen sie jedoch ein weiteres Sinnesorgan: das Seitenlinienorgan. Damit registrieren sie weit entfernte Bewegungen und Hindernisse. Es funktioniert ähnlich wie der Radar und nimmt Schwingungen, Temperatur- und Druckveränderungen wahr. Einige Fischarten können sogar elektrische Ströme registrieren!

Ihre Fortpflanzung

Bei den meisten Süßwasserfischen legen die Weibchen ihre Eier, den Laich, einfach im Wasser ab. Die Befruchtung erfolgt danach, wenn das Männchen sein Sperma darüber verteilt. Die Eier treiben oft auseinander und sinken auf den Grund. Manche Fischarten unternehmen lange Wanderungen zu ihren Laichplätzen, andere bauen Nester und beschützen ihre Eier. Manche Fische gebären sogar lebende Junge!

Kiemendeckel *Seitenlinie* *Rückenflosse*
Fettflosse (ohne Strahlen)
zwei Brustflossen
zwei Bauchflossen (je nach Art: vor, hinter oder unter den Brustflossen)
Afterflosse
Schwanzflosse

In diesem Naturführer lernst du die wichtigsten Süßwasserfische kennen: Seebewohner, Flussfische und so genannte Wanderfische, die einen Teil ihres Lebens im Meer verbringen. Du wirst staunen, wie schnell du sie mit dem Blick eines jungen Experten bestimmen kannst.

Wo kannst du Fische beobachten?

In allen Gewässern leben Fische. Es ist zwar leichter, sie in klarem Wasser zu entdecken, doch mit etwas Übung wirst du auch in trübem Wasser fündig.

Kräuselt sich die Wasseroberfläche? Entsteht ein Wirbel? Es könnten Rotaugen oder Ukeleie sein, die vor dir fliehen. Steigen Blasen auf? Vielleicht wühlt eine Schleie, ein Karpfen oder eine Blicke im Bodenschlamm.

Viele Fischarten kannst du in öffentlichen Aquarien beobachten – solange du willst und ohne nasse Füße zu bekommen!

Jäger und Beute

Forellen sind Raubfische. Sie jagen kleine Krebstiere, Würmer und Insektenlarven am Grund und schnappen an der Wasseroberfläche nach Insekten. Große Forellen fressen auch kleine Fische, sogar Jung-Forellen! So wird die Vermehrung in Grenzen gehalten. Regenbogenforellen, in Flüsse eingesetzt, wachsen schneller als Bachforellen und können wegen ihres Appetits den Bestand an Bachforellen gefährden.

Im Wildwasser

Wo Wildbäche um Felsen und Steine schäumen und die Fische gegen Stromschnellen ankämpfen müssen, fühlen sich Forellen und Äschen wohl. In Bergseen stehen Seeforellen oft dicht unter der Wasseroberfläche. Alle diese Fische wollen sauerstoffreiches, kaltes Wasser und haben eine kleine Fettflosse hinter der Rückenflosse.

rote und schwarze Tupfen

▲ Bachforelle

Jung-Forelle

← 30 bis 40 cm →

Bachforellen lieben Wassertemperaturen zwischen 4° und 12°C. Man findet sie oft in Gebirgsbächen, aber auch in sauberen, kühlen Flüssen, Bächen und Wiesenrinnsalen im Flachland. Ihr Rücken ist mit schwarzen, manchmal auch mit roten Tupfen übersät, die silbrige Haut passt sich der Umgebung an und ist mal heller, mal dunkler.

schwarze Tupfen

Regenbogenforelle ▲

← 30 bis 70 cm →

Sie stammt aus Nordamerika und wurde in unsere Flüsse eingesetzt. Da sie schnell wächst und hinsichtlich Sauerstoffgehalt und Temperatur weniger anspruchsvoll ist als die Bachforelle, wird sie oft in Teichen gezüchtet. Verwechsle sie nicht mit der Seeforelle: Beide haben viele schwarze Tupfen, die Regenbogenforelle auch auf Rücken-, Fett- und Schwanzflosse.

Felchen, Renken und Maränen

← 30 bis 80 cm →

Zur Gattung der Coregonen gehören viele, äußerlich kaum zu unterscheidende Arten. Fast jede Seengegend kennt ihre eigene Art und hat einen Namen für sie. Die schlanken silbrigen Fische leben in kalten Voralpenseen (z. B. im Bodensee) und in den großen Seen Norddeutschlands, einige in Tiefen bis 100 m.

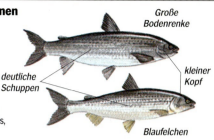

Große Bodenrenke

deutliche Schuppen

kleiner Kopf

Blaufelchen

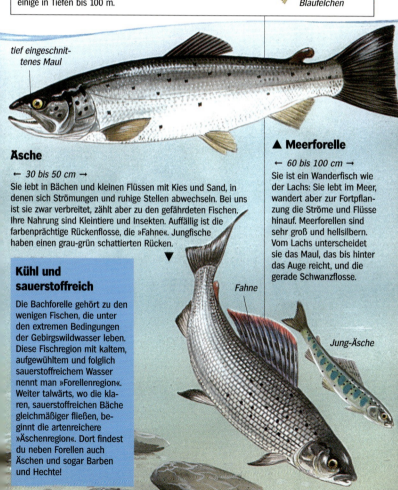

tief eingeschnittenes Maul

▲ Meerforelle

Äsche

← 30 bis 50 cm →

Sie lebt in Bächen und kleinen Flüssen mit Kies und Sand, in denen sich Strömungen und ruhige Stellen abwechseln. Bei uns ist sie zwar verbreitet, zählt aber zu den gefährdeten Fischen. Ihre Nahrung sind Kleintiere und Insekten. Auffällig ist die farbenprächtige Rückenflosse, die »Fahne«. Jungfische haben einen grau-grün schattierten Rücken.

← 60 bis 100 cm →

Sie ist ein Wanderfisch wie der Lachs: Sie lebt im Meer, wandert aber zur Fortpflanzung die Ströme und Flüsse hinauf. Meerforellen sind sehr groß und hellsilbern. Vom Lachs unterscheidet sie das Maul, das bis hinter das Auge reicht, und die gerade Schwanzflosse.

Fahne

Jung-Äsche

Kühl und sauerstoffreich

Die Bachforelle gehört zu den wenigen Fischen, die unter den extremen Bedingungen der Gebirgswildwasser leben. Diese Fischregion mit kaltem, aufgewühltem und folglich sauerstoffreichem Wasser nennt man »Forellenregion«. Weiter talwärts, wo die klaren, sauerstoffreichen Bäche gleichmäßiger fließen, beginnt die artenreichere »Äschenregion«. Dort findest du neben Forellen auch Äschen und sogar Barben und Hechte!

Hochzeitsreise stromaufwärts

Forellen, Lachse und Saiblinge mögen es frisch – auch zur Hochzeit. Zu ihrem Lebenszyklus gehören Laichwanderungen zu angestammten Laichplätzen, die in besonders sauerstoffreichen Regionen liegen: Diese Fische schwimmen stromaufwärts, um sich dort fortzupflanzen, wo sie selbst zur Welt kamen. Nicht alle legen so weite Strecken zurück wie der Lachs, der aus dem Meer in den Oberlauf seines »Heimatflusses« zurückkehrt.

Die großen gelben oder orangefarbenen Eier (5 bis 6 mm) werden im Winter abgelegt. Nach 3 bis 6 Monaten schlüpfen die Lachslarven. Sie haben noch 6 Wochen einen Dottersack, aus dem sie sich ernähren.

Eier

Lachslarve mit Dottersack

Parrs

Der Parrs ähnelt einer jungen Bachforelle, aber er bleibt an seinem Standort im Oberlauf von Flüssen.

weißer Flossensaum

▲
Seesaibling
← 30 bis 70 cm →
Sein Vorkommen in einigen Alpenseen haben wir der Eiszeit zuzuschreiben: Durch den Rückgang der Meere wurde der einheimische Seesaibling von seinen Verwandten in den arktischen Meeren abgeschnitten und ist gezwungenermaßen seinem Standort treu. Sein Rücken ist übersät mit hellen Flecken, ausgenommen die Rückenflosse.

Smolt

Nach 1 bis 5 Jahren misst der Junglachs 10 bis 15 cm und färbt sich silbern. Man nennt ihn jetzt Smolt. Nun beginnt er seine Wanderung vom Laichgebiet zum Meer.

Atlantischer Lachs ▶

← 1 bis 1,50 m →
Der ausgewachsene Lachs ähnelt einer großen Meerforelle. Der edle Wanderfisch erschien einst regelmäßig bei uns in Flüssen, die zum Atlantik führen, doch Stauwehre und Umweltverschmutzung haben ihn vertrieben. Um den Lachs in unseren Gewässern zu erhalten, baut man inzwischen Fischtreppen und setzt Jung-Lachse in Flüsse ein.

leicht gegabelte Schwanzflosse

Das Maul reicht nicht hinter das Auge.

♂ geschlechtsreifer männlicher Lachs

Bei der Rückkehr in den Heimatfluss bildet sich bei älteren männlichen Lachsen eine nach innen gebogene Spitze am Unterkiefer, der »Laichhaken«. Die Körperseiten färben sich rötlich und sind mit roten Tupfen gesprenkelt: sein Hochzeitskleid!

Diese beiden Verwandten des Seesaiblings stammen aus Nordamerika und wurden wie die Regenbogenforelle in europäischen Gebirgsflüssen eingesetzt.

Bachsaibling ▶

← 30 bis 50 cm →

Seine Maulspalte reicht weit hinter das Auge. Der blaugrüne Rücken hat eine wellenartige Zeichnung, an den Seiten siehst du helle Tupfen und rosafarbene Punkte mit blauer Umrandung. In der Laichzeit ist sein Bauch rot.

♀ geschlechtsreifer weiblicher Lachs

Amerikanischer Seesaibling ▶

← 50 bis 100 cm →

Dieser sehr schnelle Fisch ist ein aggressiver Räuber. Er wurde in einigen Seen in der Schweiz erfolgreich eingeführt. Dort nennt man ihn Kanadischer Saibling.

Hat der Lachs das Meer erreicht, wächst er sehr schnell. 1 bis 3 Jahre schwimmt das ausgewachsene Tier durchs nördliche Meer, häufig bis nach Grönland, und mästet sich mit Krebstieren, die es dort in Hülle und Fülle gibt.

Innerer Kompass

Der Lachs schwimmt tausende von Kilometern durchs Meer, bis er zu seinem Heimatfluss zurückkehrt. Wie findet er den Weg? Wahrscheinlich orientiert er sich am Magnetfeld der Erde und am Sonnenstand. Hat er die Mündung seines Flusses wiedergefunden, weist ihm sein Geruchssinn den Weg zurück zu dem Laichplatz, der seine Kinderstube war.

Hier wird gewühlt!

Barben, Gründlinge und Grundeln stöbern ihre Nahrung mit ihren empfindlichen Barteln auf. Dazu durchwühlen sie Sand und Algen. Sie fressen Pflanzenteile (Barben), besonders aber Kleintiere wie Würmer, Krebse, Weichtiere und Insektenlarven. Wirbelst du mit deinem Fuß den Sand auf, kommen sie neugierig aus ihrem Versteck – ein einfacher Anglertrick, um Gründlinge zu ködern.

Zwischen Sand und Fels

Sie leben zwischen Sand, Kies und Fels und fressen auf dem Grund. Der Körperbau entspricht ihrer Lebensform: Sie haben einen flachen Bauch, mit dem sie am Boden ruhen. Trotzdem sind diese Fische sehr verschieden. Groppe, Bachgrundel und Zingel leben in der Forellenregion, wo sie unter Felsbrocken Schutz vor der Strömung und den Blicken der Jäger finden. Du musst sie suchen! Barben und Gründlinge sind Schwarmfische und daher leichter zu entdecken.

Groppe / Mühlkoppe ▼

← 10 bis 15 cm →

Die Groppe ist ein Grundfisch in sehr kalten Gewässern. Sie versteckt sich zwischen Kieseln und Felsbrocken, denn die großen Bachforellen stellen ihr nach. Nachts jagt sie Insektenlarven oder andere kleine Tiere. Am Tag musst du die Steine anheben, um sie zu sehen. Besonders markant ist der kräftige, breite Kopf.

Zingel

← 10 bis 20 cm →

Er kommt bei uns nur in schnellen Zuflüssen der Donau vor. Dort versteckt er sich hinter Steinen und jagt am Grund kleine Wassertiere, auch Fischlarven. Er gleicht dem Streber, einer Fischart der Äschenregion: Die Zahl der Strahlen in der ersten Rückenflosse ist für die Unterscheidung bedeutsam! Beide Arten sind sehr gefährdet.

breiter Kopf

zwei Rückenflossen

kleines, spitzes Maul

Nahe Verwandte

Steinbeißer — 6 Barteln

6 Barteln

Bachgrundel / Bachschmerle

← 8 bis 15 cm →

Ihre Grundfarbe ist braun bis braun-grün; helle Einsprengsel überziehen den Rücken. Sie hat große Augen und 6 Barteln über der dicken Oberlippe und am Mundwinkel. Du findest sie in sauerstoffreichen, lebhaften Fließgewässern, wo sie in der Dämmerung und bei Nacht jagt.

Schlammpeitzger — 10 Barteln

rundes Maul ◀

4 Barteln

spitzes Maul

4 Barteln

2 Barteln

Hundsbarbe

← 20 bis 40 cm →

Dieser Grundfisch lebt in Südwest-Frankreich, Norditalien und in der Donauregion in schnell fließenden Gewässern. Die Hundsbarbe begleitet oft Flussbarben, ist aber viel kleiner, übersät mit dunklen Flecken und hat ein runderes Maul.

Gründling ▲

← 10 bis 20 cm →

Diesen kleinwüchsigen Grundfisch findest du im Schwarm überall, wo es Forellen, Äschen und Barben gibt, aber auch an manchen Seeufern. Er bevorzugt überflutete, flache Kies- und Sandbänke und stöbert gern in Ufernähe. Gründlinge besitzen nur 2 Barteln

Barbe ▲

← 30 bis 80 cm →

Barben – oft ganze Barben-Schwärme – leben zwischen Felsbrocken und Sandbänken von größeren Flüssen mit mäßiger Strömung. Charakteristisch: je 2 Barteln an Oberlippe und Kinn. Barben fliehen bei der geringsten Erschütterung!

Bereit zur Hochzeit

Wie fast alle Karpfenfische (Moderlieschen, Döbel, Rotauge, Blei bzw. Brasse, Karpfen) haben männliche Elritzen zur Laichzeit einen auffälligen Laichausschlag: Ihr Kopf ist übersät mit hellen Knötchen – dem Signal für ihre Bereitschaft zur Fortpflanzung. Zudem färben sich die Männchen und bekommen eine auffallende Hochzeitstracht.

Mit Seitenlinie!

Sie sind pfeilschnelle und lebhafte Schwimmer. An ihrem spindelförmigen Körper strömt das Wasser nahezu ohne Widerstand vorbei. Eigentlich sind diese Fische Jäger, aber sie fressen auch Pflanzenteile. Sie gehören zu den Karpfenfischen und haben nur eine Rückenflosse. In Flüssen mit starker Strömung wimmelt es von Elritzen, die über den Grund jagen. Im offenen Wasser von Seen oder trägen Flüssen kannst du einen ganzen Schwarm Ukeleie sehen.

Elritze ▶

← 6 bis 12 cm →

Als einziger Karpfenfisch kommt die Elritze sogar in Forellenregionen vor. Sie ist aber auch in langsamen Gewässern anzutreffen. Besonders gern lauern die Schwärme flussabwärts von Wirbeln auf Beute, die ihnen die Strömung zuträgt.

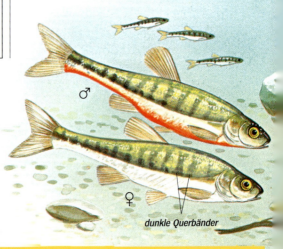

dunkle Querbänder

Verwechslungsgefahr!

Elritzen leben häufig im Schwarm mit Jungfischen anderer Arten. Zum Vergleich:

Jung-Döbel
Rücken gleichmäßig grau, Seiten und Bauch silbrig

Jung-Strömer
Dunkles Seitenband, gleichmäßig gefärbter Rücken

Jung-Forelle
Eine Reihe von ovalen Flecken, Fettflosse

große Augen

gleißend silbrige Seiten

doppelte schwarze Seitenlinie

Schneider ▲

← 10 bis 15 cm →

Der Fisch aus der Äschenregion sucht oft die Gesellschaft von Elritzen und Gründlingen. In klaren, quirligen Bächen fühlt er sich wohl. Er frisst wirbellose Bodentiere, verschmäht aber keine Beute, die im Wasser treibt. Er gehört zu den gefährdeten Fischen: In Nord- und Mitteldeutschland ist er teilweise verschollen.

Moderlieschen

← 6 bis 12 cm →

Der kleine Fisch bildet große Schwärme in trägen oder stehenden sommerwarmen Gewässern. Sogar in Tümpeln kannst du ihn finden. Er ist nicht so schmal wie die Ukelei.

Ukelei

← 12 bis 18 cm →

Nicht selten huschen große Schwärme dieser kleinen silbrigen Fische durchs offene Wasser. Ukeleie kommen oft an die Oberfläche, um Anfluginsekten zu jagen. Sie meiden Pflanzenbewuchs, scheuen aber nicht den offenen Uferbereich.

Erkennungszeichen

Diese drei Fische sind auf Grund ihrer Seitenlinie gut zu unterscheiden: eine durchgehende Linie über die ganze Seite bei der Ukelei, eine kurze, abbrechende Linie beim Moderlieschen und eine Doppellinie beim Schneider.

Ukelei

Moderlieschen

Schneider

Kraftvolle Schwimmer

Diese spindelförmigen Fische sind starke Schwimmer, die auch gegen den Strom anschwimmen können. Sie gehören zu den Karpfenfischen.

eingebuchtete Afterflosse

▲
Hasel

← 15 bis 25 cm →

Der Hasel ist ein typischer Bewohner der Barben- und Äschenregion, aber so anpassungsfähig, dass er bisweilen in die Forellenregion vordringt. Er bildet Schwärme und schließt sich auch Döbeln an. Hasel nutzen das ganze Nahrungsspektrum; sie jagen sowohl am Boden als auch an der Wasseroberfläche.

Jung-Döbel sind silbrig mit hellen Flossen; ausgewachsene Döbel haben rosafarbene Flossen.

Gegenüberstellung

Hasel und Döbel teilen sich einen gemeinsamen Lebensraum. Sie sind nicht einfach zu unterscheiden:
• Der **Döbel** hat einen zylindrischen Körper, ist dunkler, seine Schuppen zeichnen ein »Netz«. Schau dir die Afterflosse an: Beim Döbel ist sie nach außen ausgebuchtet!
• Der **Hasel** ist an den Seiten flacher und heller. Sein Maul ist leicht unterständig. Die Afterflosse ist nach innen eingebuchtet.
Wenn du jetzt noch zweifelst: Döbel und Hasel kreuzen sich leicht – vielleicht hast du eine der vielen Mischformen entdeckt!

Brust-, Bauch- und Afterflossen oft rosafarben

Döbel ▲

← 30 bis 60 cm →

Gegen Verschmutzung ist er unempfindlich und daher in belasteten Gewässern der bestimmende Fisch. Die Jungtiere sind Allesfresser und leben im Schwarm. Ältere Döbel werden einzelgängerisch; sie fressen vor allem Laich, kleine Fische und Frösche. Sie sind gefürchtete Wilderer in Gewässern mit Äschen.

Der Döbel kann zum gefährlichen Jäger von Jungfischen werden. Nase und Sofie dagegen sind Vegetarier: Sie weiden buchstäblich den Algenrasen am Grund ab!

dunkles Band

endständiges Maul

kleines, hufeisenförmiges Maul

»Nasenspitze« über dem Maul

Strömer

← 15 bis 20 cm →

Strömer halten sich gern in Gesellschaft von Elritzen und Barben in tiefen Wasserlöchern schnell strömender Flüsse auf. Der Strömer ist vom Aussterben bedroht. In Deutschland findest du ihn noch in der Hochrhein- und Neckargegend sowie an einigen nordöstlichen Zuflüssen des Bodensees.

Nase

← 25 bis 40 cm →

Die Nase ist ein strömungsliebender Fisch, der sich oft in Schwärmen im Mittellauf eines Flusses aufhält. Mit ihrem stark unterständigen Maul grast sie die Algen am Grund ab und verschlingt dabei Kleingetier, das sich dort versteckt. Die Nase reagiert sehr empfindlich auf Verschmutzungen und zählt zu den gefährdeten Arten.

Sofie

← 15 bis 30 cm →

Zu den »Näslingen« gehört eine Reihe ähnlicher Fischarten mit gleicher Lebensform, die alle selten und geschützt sind. Die Sofie (Chondrostoma toxostoma) ist in der Schweiz und im südlichen Mittelfrankreich noch manchmal anzutreffen. Diese Art hat ein besonders kleines, hufeisenförmiges Maul und ein zartes Band an der Körperseite.

Die Barbenregion

Der Mittellauf von Flüssen, die so genannte »Barbenregion«, zeichnet sich durch eine kraftvolle Strömung und recht klares, sauerstoffreiches Wasser aus. Die Wassertemperatur erreicht hier im Sommer bereits 20 °C. Sand, Wasserpflanzen, abgestorbene Teile von Bäumen statt Fels und Kies bestimmen den Grund. Die vorherrschende Fischart dieser Region ist die Barbe.

Hohe Rücken, flache Flanken

Ein hoher Rücken und flache Flanken sind die charakteristischen Körperformen der Karpfenfische in stehenden Binnengewässern oder sehr langsam fließenden Wasserläufen.
Als Allesfresser nutzen sie die Nahrungsvielfalt. In der Regel sind sie Gesellschaftsfische und bilden hübsche Schwärme.

Rotauge oder Rotfeder?

Bei beiden kann das Erscheinungsbild stark variieren. Das Rotauge hat immer ein waagerecht eingeschnittenes Maul und eine rote Iris. Das deutlichste Unterscheidungsmerkmal sind die Bauchflossen, die beim Rotauge direkt unter der Rückenflosse, bei der Rotfeder deutlich weiter vorn sitzen. Die Rotfeder hat zudem ein grimmiges Maul und eine gelbe Iris.

rote Iris

Bauchflossen unter der Rückenflosse

▲ Rotauge / Plötze

← 25 bis 30 cm →

Rotaugen, auch Plötzen genannt, triffst du nahezu überall an: Sie machen selbst vor verschmutztem und brackigem Wasser keinen Halt und schwimmen in den Oberlauf von Flüssen, solange der Grund gute Verstecke zwischen Pflanzen und abgestorbenem Holz bietet.

Rotfeder ▶

← 20 bis 40 cm →

Die Rotfeder bleibt in stehenden, trägen Gewässern. Sie bevorzugt geringe Wassertiefen, schlammigen Grund und viel Pflanzenbewuchs. Rotfedern fressen hauptsächlich Pflanzenteile. Im Winter tauchen sie ab, im Sommer tummeln sie sich nahe der Wasseroberfläche.

Bauchflossen vor der Rückenflosse

gelbe Iris

Brasse / Blei

← 30 bis 50 cm →
Ihre Färbung ist bleigrau und bekommt im Alter einen goldenen Glanz. Du erkennst Brassen an ihrem hohen Buckel. Sie leben in vegetationsreichen, langsam fließenden Unterläufen großer Flüsse (siehe auch S. 22). Wenn Brassen den Bodengrund durchwühlen, hinterlassen sie charakteristische Löcher.

Blicke / Güster

← 20 bis 30 cm →
Blicken haben einen stärkeren silbrigen Glanz und größere Schuppen als die Brassen. In ihrer Lebensweise gleichen sich die beiden Fische und schwimmen oft gemeinsam im Schwarm. Blicken suchen auch gern tiefere Wasserbereiche auf. Auffällig sind ihre riesigen Augen: Sie sind fast so groß wie das Maul!

Bitterling ▶

← 5 bis 8 cm →
Der kleine Fisch besiedelt stehende und langsam fließende Gewässer. An seinem Standort müssen Teich- oder Flussmuscheln leben: Der Bitterling braucht sie zur Fortpflanzung (siehe gelbes Kästchen). Zur Laichzeit im Frühjahr bekommen die Männchen Laichausschlag und eine wunderschöne Färbung. Den Weibchen wächst eine Legeröhre.

Nachwuchs aus der Muschel!

Bitterling-Weibchen legen ihre Eier in eine große Teich- oder Flussmuschel. Dabei hilft ihnen die speziell entwickelte Legeröhre. Im Schutz der Muschel können sich die Eier gut entwickeln, denn die Muschel umspült sie mit Sauerstoff.

Zuchtformen

Der Karpfen, wie wir ihn kennen, ist das Ergebnis jahrhundertelanger Zuchtbemühungen. Er hat nur noch wenig Ähnlichkeit mit seinem schlanken asiatischen Urahnen. Die Wildform ist selten: Eher entdeckst du aus der Zucht entkommene, verwilderte Varianten mit massigem Körperbau und unvollständigem Schuppenkleid.

Spiegelkarpfen

Lederkarpfen

Beliebte Pfundskerle

Karpfen und ihre Verwandten gehören zu den wenigen Fischen, die sich an Menschen gewöhnen; bei regelmäßiger Fütterung werden sie sogar recht zahm. Sie sind rundum anspruchslose Fische. Ursprünglich stammt der Karpfen aus China, wurde im Mittelalter bei uns eingeführt und ist seitdem der bevorzugte Zuchtfisch.

4 Barteln

Karpfen ▶

← 60 bis 100 cm →

Der Karpfen lebt in einer kleinen Gruppe an einem festen Ort. Er kann sein Maul rüsselartig vorstülpen und durchwühlt damit den Schlamm am Grund. Seine Nahrung spürt er mit 4 Barteln auf, die sich im Alter oft krümmen.

Im Dienst

Diese großen Fische (bis 100 cm!) wurden in Europa zur Bekämpfung der Algenblüte und der Verkrautung eingesetzt. Als Pflanzenfresser mit gewaltigem Appetit halten sie Wasserflächen frei von Pflanzen. Obwohl man sie häufig »China-Karpfen« nennt, sind sie mit dem Karpfen nicht verwandt.

Silberkarpfen
Leicht erkennbar am tief liegenden Auge. Er hat keine Barteln.

Marmor- oder Graskarpfen
Große Schuppen und ein fast zylindrischer Körper sind seine Kennzeichen.

Zierfische

Durch jahrhundertelange geduldige Zucht (besonders in China und Japan) gelang es, außerordentlich farbenprächtige Fische heranzuziehen, die überall auf der Welt Aquarien und Zierteiche schmücken: Goldfische und Schleierschwänze (Zuchtformen der Silberkarausche), Koi-Karpfen (mit dem langen Körper des Wildkarpfens), Goldschleien …

Goldschleie
Teleskopfisch Blasenauge
Kometgoldfisch Koi-Karpfen

♀ ♂
hoher Rücken
keine Barteln
Wildform
Goldfisch
keine Barteln

Schleie

← 20 bis 40 cm →

Die Schleie ist ein Grundfisch, der nachts jagt. Die Beute ertastet sie mit zwei Barteln. Das Männchen ist außerhalb der Laichzeit an seinen langen Bauchflossen zu erkennen, an denen je ein Flossenstrahl so dick ist, dass er wie ein Stachel aussieht.

Karausche

← 20 bis 40 cm →

Sie ist anspruchslos und extrem robust. Ob Kälte, Hitze, Verschmutzung oder Sauerstoffmangel – sie gedeiht in den kleinsten, unwirtlichsten Tümpeln. Eingegraben in Schlamm, übersteht sie eiskalte Winter und sogar Trockenperioden.

Silberkarausche

← 15 bis 35 cm →

Im 17. Jahrhundert aus China eingeführt, hat sich die Silberkarausche mühelos in unseren Weihern und Teichen eingelebt. Wo es wärmer ist, vermehrt sie sich jedoch besser. Sie ist die Wildform des berühmten Goldfischs.

Wie eine Rakete

Der torpedoförmige Körper des Hechts ist auf Geschwindigkeit ausgelegt. Rücken- und Afterflosse sitzen dicht bei der Schwanzflosse. Erspäht der Hecht eine Beute, schießt er raketenschnell aus seinem Versteck. Allerdings kann er nicht lange so schnell schwimmen, deshalb lauert er seiner Beute auf. Verfolgungsjagden sind Sache des Zanders: Wegen seiner Flossenstellung kann er das Tempo lange beibehalten.

weit zurückgesetzte Rücken- und Afterflosse

gelbgrüne Querbinden

2 Rückenflossen

gut sichtbare Fangzähne

Nahrungskette und ökologisches Gleichgewicht

Der Hecht frisst Rotaugen; Rotaugen fressen Insekten und Krebstiere, die wiederum von Algen leben … In der Nahrungskette hängt einer vom anderen ab und trägt mit seiner Lebensform dazu bei, das biologische Gleichgewicht zu erhalten. Der Mensch greift oft störend in dieses Gleichgewicht ein, z. B. durch Gewässerverschmutzung oder Kanalisierung, auch durch Fischfang. Einzelmaßnahmen zur Erhaltung der Arten – wie das Einsetzen von Jung-Fischen in Gewässer – lösen das Problem des Artenrückgangs häufig nicht, sondern verstärken oft das Ungleichgewicht.

Zander ▲

← 50 bis 100 cm →

Einzeln oder in einer kleinen Gruppe jagt der Zander abends und nachts Rotaugen, junge Brassen und Kaulbarsche.
Er lebt in Gewässern mit festem Grund und lockerem Pflanzenwuchs; so kommt ihm der Hecht nicht in die Quere. In sommertrüben, nährstoffreichen Seen und trägen Flüssen kannst du ihn finden.

Die »Wölfe« im Fluss

Sie haben messerscharfe Fangzähne und einen unersättlichen Appetit: Zander und Hecht sind die großen Raubfische im Fluss, aber sie sind unentbehrlich für das ökologische Gleichgewicht. Sie fressen kranke Fische und verhindern damit die Ausbreitung von Krankheiten. Sie sorgen dafür, dass eine Art nicht überhand nimmt, auch nicht die kleinen Raubfische, die sonst keine Feinde hätten.

Speisekarte des Hechts

Als Super-Jäger steht der Hecht an der Spitze der Nahrungskette im Binnengewässer. Zu seinen Beutetieren gehören große Raubfische ebenso wie Artgenossen.
Seine Speisekarte:

- Ukeleie
- Rotaugen
- Brassen
- kleine Barsche
- Jung-Hechte
- Entenküken
- junge Wasserhühner
- kleine, im Wasser lebende Säugetiere

▲
Hecht
← 80 cm bis 1,30 m →
Hechte sind Einzelgänger und ihrem Revier treu. Ein Dschungel aus Wasserpflanzen ist ihnen gerade recht, um sich darin auf die Lauer zu legen. Sie sind wirkungsvoll getarnt, denn ihre Marmorierung macht sie im glitzernden Wasser nahezu unsichtbar.

Kleine Jäger in Konkurrenz

In ruhigen Binnengewässern leben einige wenig spezialisierte Räuber. Ob sie ihrer Beute auflauern oder sie verfolgen: Sie haben einen vielseitigen Speisezettel, der von Würmern, Krebstieren und Insektenlarven bis zu Fischen und Amphibien reicht. Zu ihnen zählen die aus Amerika eingeführten Forellen- und Sonnenbarsche. Nicht überall ließen sie sich erfolgreich einsetzen, aber dort, wo sich ihre Bestände selbstständig vermehrten, sind sie eine ernsthafte Konkurrenz für einheimische Fischarten.

Flussbarsch

← 20 bis 50 cm →

Der Flussbarsch ist einer der häufigsten Fische in der Barbenregion und in allen Seen. Auch in Flüsse dringt er bis zu einer Höhe von 1 000 m vor. Jung-Barsche bilden Schwärme, ältere werden einzelgängerisch und machen kleinen Fischen das Leben schwer ...
▶

stark eingebuchtete Rückenflosse

orangerote bis rote Brustflossen

Kaulbarsch ▲

← 10 bis 30 cm →

Der gesellige Fisch lebt im Schwarm und jagt bei Tag. Im trägen Flussunterlauf und im Brackwasser des Mündungsbeckens fühlt er sich wohl; lokale Verschmutzungen scheint er zu verkraften. Dank dieser Robustheit ist er in Deutschland weit verbreitet.

Die Bleiregion

Träge, kaum fließende Gewässer und Teiche bieten Lebensbedingungen, die manchmal zur Herausforderung werden. Unter dem glänzenden Rasen von Seerosen und Schilf sind die trüben Gewässer im Winter kalt und im Sommer oft sehr warm. Zudem ist das Wasser häufig sauerstoffarm. Die Fische in der Bleiregion (Brasse oder Blei sind dort die bestimmende Fischart) sind besonders robust gegenüber Umwelteinflüssen.

Sonnenbarsch

← 10 bis 15 cm →

Der Sonnenbarsch lebt in flachen Gewässern der Bleiregion. Zur Laichzeit leuchtet das Männchen besonders farbenfroh.

1 Rückenflosse

♀

♂

Fleck über dem Kiemendeckel

eingebuchtete Rückenflosse

Forellenbarsch ▲

← 40 bis 60 cm →

Von dem aus Amerika eingeführten Forellenbarsch sind in unserer Umgebung nur noch im Wörthersee größere Bestände erhalten. Der »schwarze Barsch«, wie er in seiner Heimat heißt, hat bisweilen eine sehr kontrastreiche, aber immer dunkle Färbung. Er ist ein einzelgängerischer Räuber, dem von Insektenlarven bis zu Fröschen alles schmeckt.

tief eingeschnittenes Maul

Brutpflege

Zwischen Mai und Juni gräbt das Männchen des Sonnenbarschs eine Laichkuhle in den Sand. Mehrere Weibchen legen dort ihre Eier ab. Während das Männchen die Eier und die Fischlarven bewacht, kannst du dich ihm behutsam nähern. Nicht stören! Auch beim Forellenbarsch ist die Brutpflege Männersache.

Absicht? Zufall? Neue Arten

Der Forellenbarsch wurde vor 100 Jahren in die europäischen Binnengewässer eingesetzt. Künstlicher »Besatz«, z.B. mit Zander oder Wels, ist auch heute eine Methode, um Gewässer für Angler attraktiver zu machen. Andere Fische, wie der Sonnenbarsch, ursprünglich als Aquarienfisch eingeführt, gelangten zufällig in Freilandgewässer, weil sie ihren Haltern entflohen sind. Ein Beispiel für die zufällige Einbürgerung bietet der Rhein-Main-Donau-Kanal, der seit 1990 die Flusssysteme des Rheins und der Donau verbindet: Seitdem wandern Aale und Meerneunaugen aus dem Rhein in die Donau ein – und umgekehrt findet man die Zährte und die Marmorgrundel im Rhein.

Große und kleine »Bärte«

Fische mit Barteln oder Bartfäden sind Grundfische. Zwischen Kieseln und Pflanzen stöbern sie im Schlamm nach Beute, die sie mithilfe der Barteln erkennen. Eine erwachsene Quappe jagt aber auch kleine Fische, und große Welse verschlingen Amphibien, Wasservögel und sogar am Wasser lebende Säugetiere! Der Schwarze Katzenwels kam aus Nordamerika zu uns und ist seitdem in unseren Gewässern auf dem Vormarsch.

Die Funktion der Barteln

Die Barteln sind Tast- und Geschmacksorgane der Haut. Mit ihnen werden Schwingungen wahrgenommen, durch die sich die Beute verrät. Sie vermitteln Geschmacks- und Geruchseindrücke, an denen sich der Fisch bei der Jagd orientiert. Die langen Bartfäden weisen den Wels und den Schwarzen Katzenwels zudem auf Hindernisse hin, die im trüben Wasser nicht sichtbar sind.

Wels / Waller ▶

← 1 bis 2 m →

Die längsten Exemplare der größten Fischart in Europas Binnengewässern waren beim Fang fast 5 m lang! Zu sehen bekommst du den Wels tagsüber selten: Bis zum Abend gräbt er sich im Schlamm ein. Bei Gewitter kommt er manchmal aus seinem Versteck. In Norddeutschland fehlt er auf natürliche Weise; sonst ist er stark gefährdet.

6 Barteln

winzige Rückenflosse

Quappe / Trüsche ▶

← 30 bis 100 cm →

Der einzige Vertreter aus der Familie der Dorsche im Süßwasser hat eine Bartel am Kinn. Die Quappe bewohnt klare Flüsse bis in die Forellenregion, im Norden findet man sie sogar in den Brackwassergebieten der Ostsee.

Bartel am Kinn

Fettflosse · *Stachel* · *Stachel* · *8 Barteln*

Schwarzer Katzenwels

← 20 bis 30 cm →

Gewässerverschmutzung und Sauerstoffknappheit sind für ihn kein Problem! Er lebt in Teichen und trägen Flüssen. Seine Rückenflosse und seine Brustflossen tragen je einen spitzen Stachel. Vorsicht!

Tarnung

Im Sommer graben die Schwarzen Katzenwelse Laichmulden in den Sand und legen dort tausende gelber Eier ab, die das Männchen bis zum Schlüpfen bewacht. Wenn nach einigen Tagen die Fischlarven erscheinen, sehen sie aus wie schwarze Kaulquappen, die sich am Boden zappelnd zu einem Knäuel versammelt haben.

Steinbeißer ▲

← 8 bis 12 cm →

Du erkennst ihn an seinen 6 kurzen Barteln. 1 oder 2 Längsbänder aus dunklen Flecken zieren seine Körperseite.

Schlammpeitzger ▼

← 15 bis 30 cm →

Seine Merkmale sind 10 Barteln und ein breites dunkelbraunes Längsband mit gelbem Saum an den Körperseiten. Als Überlebenskünstler bewohnt er sauerstoffarme Tümpel, Teiche und Sümpfe.

Der Trick mit der Atmung

Der Schlammpeitzger kann sich auf Sauerstoffknappheit einstellen, indem er an der Wasseroberfläche Luft schluckt und sie in den Darm presst. Dort wird der Sauerstoff ähnlich wie bei der Lungenatmung von der Darmwand absorbiert. Außerdem atmet der Schlammpeitzger über die Haut. 85 % seines Sauerstoffbedarfs deckt er durch Hautatmung! Eingegraben kann er so extreme Witterungen überstehen.

Ein Nestbauer!

Zur Laichzeit im Frühjahr färbt sich das Stichling-Männchen grün und rot. Es baut am Boden ein tunnelartiges Nest aus Pflanzenteilen, die es mit einem Körpersekret verkittet. Dann treibt es einige Weibchen ins Nest, die dort Eier ablegen. 5 bis 20 Tage bewacht das Männchen die Eier und fächelt ihnen frisches Wasser zu. Nach dem Schlüpfen hütet der Stichling noch eine Woche die Kinderschar.

Wo du das Meer riechst ...

In Gewässern und Teichen nahe der Küste ist das Wasser bereits mehr oder weniger salzig. Doch auch hier gibt es Spezialisten, die Schwankungen des Salzgehalts aushalten und denen du in der Brackwasserregion häufig begegnest, obwohl sie Süßwasserfische sind. Ein Beispiel für Küstenfische, die in die Flüsse vordringen, sind Meeräschen. Sie sind nicht die einzigen: Ährenfisch, Wolfsbarsch, Stint, Meergrundel und Scholle tun es ihnen gleich.

Dreistachliger Stichling ▼

← 4 bis 10 cm →

Statt mit Schuppen sind Teile des Körpers mit vertikalen Knochenschilden bedeckt. Die drei Stachelstrahlen vor der Rückenflosse stellt der Stichling bei Gefahr auf. Sein Zuhause sind stehende oder träge fließende Gewässer und Wassergräben; im Norden dringt er im Brackwasser bis in die Nord- und Ostsee vor. Sein Laichgebiet befindet sich jedoch immer im Süßwasser.

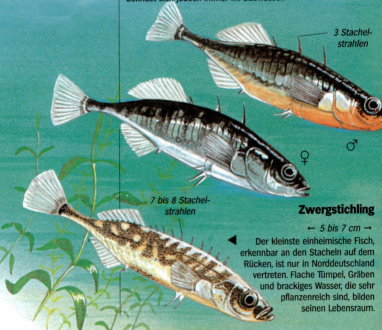

3 Stachelstrahlen

♀ ♂

7 bis 8 Stachelstrahlen

Zwergstichling

← 5 bis 7 cm →

Der kleinste einheimische Fisch, erkennbar an den Stacheln auf dem Rücken, ist nur in Norddeutschland vertreten. Flache Tümpel, Gräben und brackiges Wasser, die sehr pflanzenreich sind, bilden seinen Lebensraum.

Meeräsche ▼

← 30 bis 100 cm →

Meeräschen sind Küstenfische im Mittelmeer und an Atlantikküsten Südeuropas. Im Sommer ziehen sie nach Norden; sie kommen auch in die Nord- und Ostsee. Dort dringen einige in Flussmündungen vor. Vielleicht entdeckst du Meeräschen im Hafenbecken?

2 Rückenflossen

großer Kopf

zum Gonopodium umgewandelte Afterflosse

Setzlinge: lebend geborene Jung-Fische

Kobold-kärpfling ▲

← 4 bis 7 cm →

Dieser Süßwasserfisch aus Mittel- und Nordamerika wurde ursprünglich zur Bekämpfung der Malariafliege in der Carmargue (Sumpfgebiet in Südfrankreich) und den Pontinischen Sümpfen (Italien) eingesetzt. Er gehört zu den lebend gebärenden Zahnkarpfen. Sein Kennzeichen ist das Gonopodium, die zum Fortpflanzungsorgan umgewandelte Afterflosse.

Im Bauch geschlüpft

Das Männchen des Koboldkärpflings befruchtet die Eier mithilfe des Gonopodiums bereits im Bauch der Mutter. Dort reifen die Eier heran, bis die Jung-Fische schlüpfen.

Süßwasserblenni / Cagnetta ▼

← 8 bis 15 cm →

Der Cagnetta lebt als einziger Schleimfisch im Süßwasser. In den großen Seen Norditaliens (z. B. Gardasee) und Dalmatiens ist er besonders häufig. Man findet ihn auch in Flussmündungen am Mittelmeer, z. B. im Rhonebecken. Der Einzelgänger hat eine Vorliebe für flache, klare Gewässer mit Kiesgrund.

lange Rückenflosse

Pendler zwischen Süß- und Salzwasser

In den Mündungsbecken großer Flüsse begegnet man Fischen, die ganze Lebensabschnitte abwechselnd im Süß- und im Meerwasser verbringen. Viele sind Wanderfische wie der Lachs. Solche »anadromen« Fische steigen zur Eiablage die Flüsse aufwärts und kehren dann ins Meer zurück. Der Aal unternimmt die gleiche Wanderung in umgekehrte Richtung: Er ist ein »katadromer« Fisch, der den Fluss abwärts schwimmt, um sich im Meer fortzupflanzen.

Abenteuer in der Sargassosee

Im Alter von 5 bis 10 Jahren verändert sich der Aal: Seine Augen werden größer, der Rücken färbt sich schwarz, die Seiten hell. Diese »Blankaale« wandern den Fluss hinunter ins Meer und schwimmen mehr als 4000 km in die Sargassosee im Westatlantik, um Hochzeit zu halten. Die Jungen schlüpfen im Meer und werden im so genannten »Weidenblattstadium« vom Golfstrom in den nördlichen Atlantik getragen. Das dauert bis drei Jahre lang. Bis dahin entwickeln sie sich zu »Glasaalen«, die nun in großen Schwärmen die Flüsse hinaufwandern.

Weidenblattstadium

Glasaale

Europäischer Aal ▶

← 60 cm bis 1,50 m →

Wegen seiner unauffälligen, nächtlichen Lebensweise bleibt der Aal oft unbemerkt. Er lebt in Mündungsbecken, küstennahen Teichen und allen Binnengewässern. Nur in der Forellenzone ist es ihm zu kalt. Wegen der Schleimschicht auf seiner Haut ist er »aalglatt«.

oberständiges Maul

Rundmäuler

Neunaugen sind Fischen sehr ähnlich. Sie gehören zu den Rundmäulern, einfach gebauten Wirbeltieren ohne Schuppen, Kiefer und Gliedmaßen. Auch sie sind anadrome Wanderer. Die Larve (Querder) bleibt 4 Jahre in küstennahem Gewässer, bevor sie abwandert. Erwachsene Tiere haben ein rundes Saugmaul voller Zähne, mit dem sie sich an Fische hängen und ihr Blut saugen.

Meerneunauge
← 50 bis 100 cm →

Flussneunauge
← 12 bis 20 cm →

Brackwasser

Mündungsbecken sind ein sehr veränderliches Milieu: Der Salzgehalt des Wassers schwankt, je nach Höhe der Flut und Wasserstand im Fluss. Wer dort lebt, ist extrem anpassungsfähig. Wanderfische müssen ihren Stoffwechsel, also das körpereigene System der Ausscheidung und der Regulierung von Mineralstoffen, völlig umstellen, wenn sie vom Süßwasser- ins Salzwassermilieu ziehen.

1 bis 3 dunkle Flecken

▲ Maifisch

← 35 bis 60 cm →

Er sieht wie ein großer, buckliger Hering aus. Wie dieser lebt er im Meer, zieht aber zur Fortpflanzung (Mai bis Juli) vom Atlantik in dort mündende Flüsse mit grobem Kiesgrund. Die Eier, im freien Wasser abgegeben, werden in den Kies eingeschwemmt.

Finte ▶

← 35 bis 50 cm →

Diese Verwandte des Maifischs erkennst du an 5 bis 9 dunklen Flecken. Sie kommt auch in die Ostsee und in Flüsse, die dort münden.

5 bis 9 dunkle Flecken

Atlantischer Stör ▼

← 1,50 bis 2,50 m →

Der größte europäische Wanderfisch ist unverwechselbar – aber es grenzt an ein Wunder, wenn du ihn an der deutschen Küste antriffst, denn hier gilt er als ausgestorben. Mit seinen Knochenschilden, den 4 Barteln und der asymmetrischen Schwanzflosse wirkt er urtümlich. Er ist anadrom, seine Eier sind eine Delikatesse: Kaviar!

4 Barteln

große Knochenschilde

Stichwortverzeichnis

A

Aal, Europäischer -
   Anguilla anguilla ☐ 23, 28
Äsche, *Thymallus thymallus* ☐ 6–7, 11
Äschenregion 7

B

Bachforelle, *Salmo trutta fario* ☐ 6–8, 10
Bachgrundel,
   Nemacheilus barbatulus ☐ 10–11
Bachneunauge,
   Lampetra planeri ☐ 28
Bachsaibling,
   Salvelinus fontinalis ☐ 9
Bachschmerle *siehe Bachgrundel*
Barbe, *Barbus barbus* ☐ 7, 10–11, 15
Barbenregion 15
Bitterling, *Rhodeus sericeus* ☐ 17
Blankaal *siehe Aal, Europäischer -*
Blaufelchen,
   Coregonus lavaretus ☐ 7
Blei *siehe Brasse* ☐ 17
Bleiregion 22
Blicke, *Blicca bjoerkna* ☐ 5, 17
Bodenrenke, Große -
   Coregonus nasus ☐ 7
Brackwasserregion 26, 29
Brasse, *Abramis brama* ☐ 12, 17, 21–22

C

Cagnetta *siehe Süßwasserblenni*

D

Döbel, *Leuciscus cephalus* ☐ 12, 14–15

E

Elritze, *Phoxinus phoxinus* ☐ 12–13, 15

F

Felchen *siehe Renken*
Finte, *Alosa fallax* ☐ 29
Flussbarsch, *Perca fluviatilis* ☐ 22
Flussneunauge, *Lampetra planeri* ☐ 28
Forellenbarsch,
   Micropterus salmoides ☐ 23
Forellenregion 7

G

Glasaal *siehe Aal, Europäischer -*
Goldfisch *siehe Silberkarausche*
Goldschleie ☐ 19
Graskarpfen *siehe Marmorkarpfen*
Groppe, *Cottus gobio* ☐ 10
Gründling, *Gobio gobio* ☐ 10–11, 13
Güster *siehe Blicke* ☐ 17

H

Hasel, *Leuciscus leuciscus* ☐ 14
Hecht, *Esox lucius* ☐ 7, 20–21
Hundsbarbe, *Barbus meridionalis* ☐ 11

K

Karausche, *Carassius carassius* ☐ 19
Karpfen, *Cyprinus carpio* ☐ 5, 12, 18
Katzenwels, Schwarzer -
   Ictalurus melas (Ameirus melas) ☐ 24–25
Kaulbarsch,
   Gymnocephalus cernua ☐ 20, 22
Koboldkärpfling, *Gambusia affinis* ☐ 27
Koi-Karpfen ☐ 19
Kometgoldfisch ☐ 19

L

Lachs, Atlantischer - *Salmo salar* ☐ 7–9
Lederkarpfen *siehe Karpfen*

M

Maifisch, *Alosa alosa* ☐ 29
Maräne *siehe Renke*
Marmorkarpfen,
   Ctenopharyngodon idella ☐ 18
Meeräsche, *Mugil capito* ☐ 26–27
Meerforelle, *Salmo trutta trutta* ☐ 7–8
Meerneunauge,
   Petromyzon marinus ☐ 23, 28
Moderlieschen,
   Leucaspius delineatus ☐ 12–13
Mühlkoppe *siehe Groppe*

N

Nase, *Chondrostoma nasus* ☐ 15
Näslinge, *Chondrostomae* ☐ 15

P

Parrs *siehe Lachs*
Plötze *siehe Rotauge*

Qu

Quappe, *Lota lota* ☐ 24

R

Regenbogenforelle,
   Oncorhynchus mykiss ☐ 6, 9
Renke, *Coregonus* (Gattung) ☐ 7
Rotauge, *Rutilus rutilus* ☐ 5, 12, 16, 20–21
Rotfeder,
   Scardinius erythrophthalmus ☐ 16

S

Salm *siehe Lachs, Atlantischer -*
Schlammpeitzger,
   Misgurnus fossilis ☐ 11, 25

Schleie, *Tinca tinca*	☐	5, 19
Schleierschwanz	☐	19
Schneider, *Alburnoides bipunctatus*	☐	13
Seeforelle, *Salmo trutta lacustris*	☐	6
Seesaibling, *Salvelinus alpinus*	☐	8
Seesaibling, Amerikanischer - *Salvelinus namaycush*	☐	9
Silberkarausche, *Carassius auratus*	☐	19
Silberkarpfen, *Hypophthalmichthys molitrix*	☐	18
Smolt	☐	8
Sofie, *Chondrostoma toxostoma*	☐	15
Sonnenbarsch, *Lepomis gibbosus*	☐	23
Spiegelkarpfen *siehe Karpfen*		
Steinbeißer, *Cobitis taenia*	☐	11, 25
Stichling, Dreistachliger - *Gasterosteus aculeatus*	☐	26
Stör, Atlantischer - *Acipenser sturio*	☐	29

Streber *siehe Zingel*		
Strömer, *Leuciscus souffia*	☐	12, 15
Süßwasserblenni, *Blennius fluviatilis* (auch: *Salaria fluviatilis*)	☐	27
T		
Teleskopfisch	☐	19
Trüsche *siehe Quappe*		
U		
Ukelei, *Alburnus alburnus*	☐	5, 12–13, 21
W		
Waller *siehe Wels*		
Wels, *Silurus glanis*	☐	23–24
Z		
Zander, *Stizostedion lucioperca*	☐	20–21, 23
Zingel, *Aspro asper*	☐	10
Zwergstichling, *Pungitius pungitius*	☐	26

Sobald du einen dieser Fische in der Natur entdeckt hast, suche den Namen im Stichwortverzeichnis und kreuze das Kästchen ☐ an.

Glossar

Anadrome Fische: Sie verbringen einen Großteil ihres Lebens im Meer, kommen aber zum Laichen ins Süßwasser.

Gonopodium: Begattungsorgan der Männchen bei lebend gebärenden Zahnkarpfen (siehe Koboldkärpfling, S. 27), das durch die Umwandlung der Afterflosse entsteht. Normalerweise werden Fischeier außerhalb vom Leib des Weibchens befruchtet. Beim lebend gebärenden Zahnkarpfen erfolgt die Befruchtung im Körper des Weibchens, indem das Männchen sein Sperma mithilfe des Gonopodiums in das Weibchen bringt.

Katadrome Fische: Sie sind Süßwasserfische, die zum Laichen in die brackigen Flussunterläufe oder ins Meer ziehen.

Salzgehalt: Im Süßwasser sind meist weniger als 0,2 % Salze gelöst, im Brackwasser bis 3 %. Gewöhnliches Meerwasser enthält etwa 2,3 % Kochsalz (daher der salzige Geschmack) und ungefähr 1,1 % andere Mineralsalze.

Unterständig, oberständig, endständig: Diese Charakterisierung zeigt an, in welche Richtung sich das Fischmaul öffnet: Beim *unterständigen* Fischmaul ist der Unterkiefer gegenüber dem Oberkiefer stark zurückgesetzt; es öffnet sich zum Boden hin. Mit *oberständig* wird ein Maul bezeichnet, das nach oben zum Wasserspiegel gerichtet ist. Sind Unterkiefer und Oberkiefer gleich lang, ist das Maul *endständig*. Die Stellung des Fischmauls verrät dir, auf welche Weise der Fisch hauptsächlich Nahrung aufnimmt. Sie ist ein Hinweis auf seine Lebensform.

Weidenblattstadium: Die meisten Süßwasserfische entwickeln sich außerhalb des Körpers. Im befruchteten Ei bildet sich die Fischlarve. Manche Fischlarven haben beim Schlüpfen einen Dottersack wie der Parrs (siehe Lachs), andere haben eine charakteristische Gestalt. Die Larve des Aals sieht aus wie ein Weidenblatt. Ihre Form ist sehr nützlich: So kann der Golfstrom sie davontragen.

In dieser Reihe sind bereits erschienen:
- Feld- und Wiesenblumen
- Bäume erkennen
- Vögel in unseren Gärten
- Fossilien entdecken
- Ein Pony für mich
- Blüten und Gräser trocknen
- Die Welt der Vulkane
- Greifvögel beobachten und bestimmen
- Tierspuren lesen
- Mineralien und Edelsteine sammeln
- Karte, Kompass, Sonnenstand – So findest du den Weg
- Delfine, Wale und andere Meeressäuger
- Auf den Spuren der Dinosaurier
- Sterne und Planeten beobachten
- So funktioniert dein Körper
- Geheimbotschaften: Codes, Morsezeichen, Signale
- Waldblumen
- Ponys und Pferde
- Erste Hilfe
- Aquarienfische
- Schmetterlinge und Raupen
- Sträucher bestimmen und entdecken
- Unser Wasser – ein lebenswichtiges Element

Die französische Originalausgabe dieses Werkes erschien
unter dem Titel »Poissons d'eau douce« bei MILAN.
© 1996/2004 Éditions MILAN, 300 rue Léon-Joulin, 31100 Toulouse Cedex 9, Frankreich
www.editionsmilan.com
Aus dem Französischen von Sabine Müller

Verlag und Autor weisen darauf hin, dass die Informationen in diesem Buch
sorgfältig geprüft wurden. Eine Garantie für Schäden, die durch das Befolgen
der Hinweise in diesem Werk auftreten, kann jedoch nicht übernommen werden.
1. Auflage 2006
© für die deutsche Ausgabe
by ENSSLIN im Arena Verlag GmbH
Würzburg 2006
Druck und Bindung: Westermann Druck Zwickau GmbH
Alle Rechte vorbehalten
ISBN 3-401-45258-4
ISBN 978-3-401-45258-6
www.arena-verlag.de